¡Es Diwali!

por Richard Sebra

BUMBA BOOKS™
en español

EDICIONES LERNER ◆ MINEÁPOLIS

Muchas gracias a José Becerra-Cárdenas, maestro de segundo grado en Little Canada Elementary, por revisar este libro.

Nota a los educadores:

A través de este libro encontrarán preguntas para el pensamiento crítico. Estas preguntas pueden utilizarse para hacer que los lectores jóvenes piensen críticamente del tema con la ayuda del texto y las imágenes.

ediciones Lerner
Una división de Lerner Publishing Group, Inc.
241 First Avenue North
Mineápolis, MN 55401, EE. UU.

Si desea averiguar acerca de niveles de lectura y para obtener más información, favor consultar este título en www.lernerbooks.com

Library of Congress Cataloging-in-Publication Data

Names: Sebra, Richard, 1984– author. | Lopez, Giessi, translator.
Title: ¡Es Diwali! / por Richard Sebra.
Other titles: It's Diwali! Spanish
Description: Minneapolis : Ediciones Lerner, 2018. | Series: Bumba books en español. ¡Es una fiesta! | Includes bibliographical references and index. | Audience: Ages 4–7. | Audience: K to Grade 3.
Identifiers: LCCN 2017053119 (print) | LCCN 2017061858 (ebook) | ISBN 9781541507883 (eb pdf) | ISBN 9781541503465 (lb : alk. paper) | ISBN 9781541526600 (pb : alk. paper)
Subjects: LCSH: Divali—Juvenile literature.
Classification: LCC BL1239.82.D58 (ebook) | LCC BL1239.82.D58 S4318 2018 (print) | DDC 294.5/36—dc23

LC record available at https://lccn.loc.gov/2017053119

Fabricado en los Estados Unidos de América
1-43841-33674-12/22/2017

Expand learning beyond the printed book. Download free, complementary educational resources for this book from our website, www.lernerresource.com.

Tabla de
contenido

Diwali

El Diwali es una fiesta de la India.

Sucede en octubre o noviembre.

Muchas personas en la India celebran el Diwali. Diwali es la fiesta más importante de la India.

¿Qué fiestas importantes celebra tu familia?

Al Diwali también se le conoce como el Festival de las Luces. Las luces son una parte importante de la fiesta. La gente enciende pequeñas lámparas de aceite.

¿Por qué es el Festival de las Luces otro buen nombre para el Diwali?

8

El Diwali dura cinco noches.

Las personas decoran durante

los primeros dos días.

Ellos ponen luces.

El tercer día es el

más importante.

La gente se viste de gala.

Se reúnen con la familia.

Dicen oraciones especiales.

13

Los fuegos artificiales iluminan el cielo.

Las personas se reúnen para verlos.

Después la gente tiene un gran

banquete con su familia.

Ellos comen dulces también.

¿Qué otras fiestas incluyen un gran banquete?

La fiesta tiene dos días más.

La gente se queda con su

familia y amigos.

Se dan regalos entre ellos.

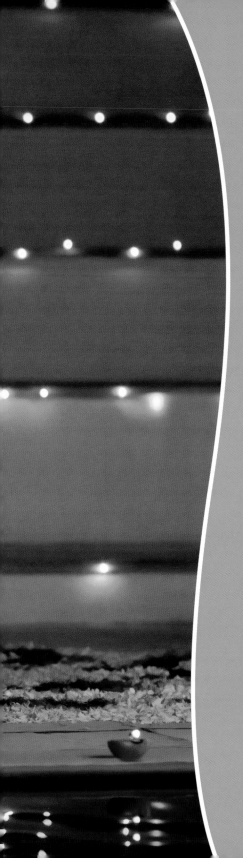

El Diwali es una tiempo
de felicidad.

Es una celebración de las
cosas buenas de la vida.

Diyas del Diwali

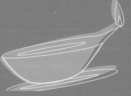

Una diya es una lámpara de aceite pequeña. Las diyas son hechas de barro por lo regular. Para celebrar el Diwali la gente enciende las mechas de las diyas.

Glosario de imágenes

decorar

colocar cosas especiales y lindas para una fiesta

banquete

una gran comida

fuegos artificiales

dispositivos que explotan haciendo fuertes ruidos y luces coloridas

oraciones

palabras que las personas dicen o piensan para su dios

23

Índice

Leer más

Chopra, Shweta. *The Diwali Gift*. Belmont, CA: 3 Curious Monkeys, 2015.

Pettiford, Rebecca. *Diwali*. Minneapolis: Bullfrog Books, 2015.

Sebra, Richard. *It's Easter!* Minneapolis: Lerner Publications, 2017

Agradecimientos de imágenes

Las imágenes en este libro son utilizadas con el permiso de: © Soumen Nath/iStock.com, página 5; © India Picture/Shutterstock.com, páginas 6–7, 18–19, 20–21; © Surbhi S/Shutterstock.com, página 9; © amlanmathur/iStock.com, páginas 10, 14, 23 (arriba a la izquierda), 23 (abajo a la izquierda); © szefei/iStock.com, páginas 12–13, 23 (abajo a la derecha); © Arisha Singh/Shutterstock.com, páginas 17, 23 (arriba a la derecha); © SMDSS/Shutterstock.com, página 22.

Portada: © Mukesh Kumar/Shutterstock.com.